JN410763

■ 인성 교육을 위한 동시 모음집 ■

착한 마음 그리운 시절

엮은이 박 래 식

경희대를 졸업하고, 시로 문단에 등단하였으며, 해군 OCS 대위로 전역하였다. 한국문화예술진흥원 문화교육 프로그램 및 공연기획자 연수과정을 마치고, 한국기타협회 이사, 한국 우쿨렐레협회 이사를 역임하는 등 음악분야에도 활발하게 활동해 온 작가다.
〈눈물어린 섬백리향〉〈바다는 잠 못 이루고〉〈노을이 지면 별로 뜨리라〉 등 그 동안 여러 권의 작품집을 출판하였으며 꾸준하게 예술 활동을 해 나가고 있다.

인성 교육을 위한 동시 모음집
착한 마음 그리운 시절

2013년 12월 24일 인쇄
2013년 12월 30일 발행

엮은이 : 박 래 식
펴낸곳 : 문예의 전당
서울 서대문구 남가좌동 78-48
등 록 : 제312-2007-005
전 화 : 02)738-8300 팩스 : 02)6442-2539

정가 : 10,000원

목　차

머리말

착한 마음과 아름다운 정서를 가꾸어주는 동시집이 되기를 바라며

동시는 어린이들은 물론 어른들의 마음까지도 아름답고 맑게 해줍니다. 동시 속에는 사랑과 정, 서정과 지혜, 교훈이 들어 있습니다. 그리고 고향과 추억, 그리움이 들어 있습니다. 그리고 외롭고, 슬프고, 괴로운 마음을 달래주고, 고난을 이겨내게 하는 힘이 있습니다.

그런데 요즘은 착한 마음과 아름다운 정서를 기르기 위해 노력하기보다는 단편적이고, 암기위주의 지식 공부에 너무 많은 시간을 보내는 것 같습니다.

지혜와 덕성의 중요함을 알았던 옛 선조들은 글공부보다 선행에 힘쓰고, 재물 보다는 의로움을 중히 여기라고 교육하였습니다.

여러분들을 위한 동시집 「마음이 고파서야」는 많은 어린이들과 어른들에게 교훈과 감동을 주는 동시들을 엄선하여 수록한 책입니다. 특히 어린이들의 마음을 착하고, 아름답게 가꾸어주는, 따뜻히고, 깊은 감동이 남긴 작품들을 골라 엮었습니다.

모쪼록 이 동시집이 어려운 환경 속에서 살아가는 모든 사람들에게 희망과 위로와 용기를 줄 수 있기를 진심으로 바랍니다.

엮은이 박 래 식

가을밤

이정구

가을 밤 잎 지는 밤
귀뚜라미 밤
하늘엔 별도 많다
등불도 많다

산 너머 고향에는
우리 누나 밤
남폿불 켜고 앉아
버선 깁는 밤

가을 밤 외로운 밤
나그네의 밤
강냉대 우수수
바람도 분다

강 건너 공장에는
우리 언니 밤
쇠 소리 기계 소리
잠 못 자는 밤

거 미

백 석

거미새끼 하나 방바닥에 나린 것을
나는 아모 생각 없이 문 밖으로 쓸어버린다
차디찬 밤이다

언젠가 새끼거미 쓸려나간 곳에 큰거미가 왔다
나는 가슴이 짜릿하다
나는 또 큰거미를 쓸어 문 밖으로 버리며
찬 밖이라도 새끼 있는 데로 가라고 하며
서러워한다

이렇게 해서 아린 가슴이 삭기도 전이다
어데서 좁쌀알만한 알에서
갓 깨인 듯한 발이 채 서지도
못한 무척 적은 새끼거미가
이번엔 큰거미 없어진
곳으로 와서 아물거린다
나는 가슴이 메이는 듯하다

내 손에 오르기라도 하라고 나는 손을 내어미나
분명히 울고불고할 이 작은 것은
나를 무서우이 달아나버리며
나를 서럽게 한다
나는 이 작은 것을 고히 보드러운 종이에 받어
또 문밖으로 버리며
이것의 엄마와 누나나 형이 가까이
이것의 걱정을
하며 있다가 쉬이 만나기나 했으면 좋으련만
하고 슬퍼한다

개아미

김소월

진달래 꽃이 피고
바람은 버들가지에서 울 때,
개아미는
허리 가늣한 개아미는
봄날의 한나절, 오늘 하루도
고달피 부지런히 집을 지어라.

게

이 황

돌을 등에 지고
모래 파는 게는
스스로 집이 된다

앞으로 가고
뒤로 가는 게는
발이 많기도 하구나

일생을 조그만
샘물에서 살아가는 게는

강과 호수의 물이
얼마나 되는지
묻지 않는다

이황이 15세 때 지은 시이다.

고드름

유지영

고드름 고드름 수정 고드름
고드름 따다가 발을 엮어서
각시방 영창에 달아 놓아요

각시님 각시님 안녕하세요
아침엔 해님이 문안 오시고
밤에는 달님이 놀러 오시네

고드름 고드름 녹지 말아요
각시님 방 안에 바람 들면은
손 시려 발 시려 감기 드실라

고 향

정지용

고향에 고향에 돌아와도
그리던 고향은 아니러뇨.

산꿩이 알을 품고
뻐꾸기 제철에 울건만,

마음은 제 고향 지니지 않고
머언 항구로 떠도는 구름.

오늘도 메끝에 홀로 오르니
흰 점꽃이 인정스레 웃고,

어린 시절에 불던 풀피리 소리 아니 나고
메마른 입술에 쓰디쓰다.

고향에 고향에 돌아와도
그리던 하늘만이 높푸르구나.

공명을 즐겨마라

김상현

공명을 즐겨마라
영욕이 반이로다

부귀를 탐치 마라
위기를 밟느니라

우리는
일신이 한가하니
두려운 일 없어라

굴 뚝

윤동주

산골짜기 오막살이 낮은 굴뚝엔
몽기몽기 웬 연기 대낮에 솟나

감자를 굽는 게지 총각애들이
깜박깜박 검은 눈이 모여 앉아서
입술에 꺼멓게 숯을 바르고
옛 이야기 한 커리*에 감자 하나씩

산골짜기 오막살이 낮은 굴뚝엔
살랑살랑 솟아나네 감자 굽는 내

**한 커리:한 켤레, 한 가지*

귀뚜라미

김소월

산바람 소래
찬비 듣는 소래
그대가 세상고락
말하는 날 밤에
숫막집 불도 지고
귀뚜라미 울어라

귀뚜라미와 나와

윤동주

귀뚜라미와 나와
잔디밭에서 이야기했다

귀뚤귀뚤
귀뚤귀뚤

아무에게도 알으켜 주지 말고
우리 둘만 알자고 약속했다

귀뚤귀뚤
귀뚤귀뚤

귀뚜라미와 나와
달 밝은 밤에 이야기했다

기다림

송돈식

징용 가신 아버지를
어머님 함께 애태우며 기다리던 언덕.
이 언덕에서
오늘은 떠나가신 형님을 기다립니다.

언덕에는 보리 이랑 물결치고
민들레 앉은뱅이가 되었습니다.
앉은뱅이 꽃 따며 하루종일 기다려도
동구 밖엔 자동차만 오락가락 달릴 뿐
오늘도 언니는 소식도 없고……

아버지 어머니는 형님 걱정
동리 사람들은 양식 걱정
시름 많은 이 마을에
종다리는 무어라 저리 지절대노.

보고 싶은 언니도 돌아오시고
활짝 핀 오월의 볕살처럼
온 동리가 다 같이 웃음으로 살아갈
그 날만이 기다려집니다.

까마귀 싸우는 곳에

작자 모름

까마귀 싸우는 곳에
백로야 가지 마라
성난 까마귀 흰빛을
시기하나니
맑은 강에
깨끗이 씻은 몸을
더럽힐까 하노라

나는 젊었거니

정 철

이고 진 저 늙은이
짐 내려서 나에게 주시오
늙기도 서러운데
짐까지 지셔야 되겠습니까?

나물노래

전래동요

꼬불꼬불 고사리 이산 저산 넘나물
가자가자 갓나무 오자오자 옻나무
말랑 말랑 말랭이 잡아 뜯어 꽃다지
배가 아파 배나무 따끔따끔 가시나무
바귀바귀 씀바귀 매끈매끈 기름나물

말

정지용

말아, 다락 같은 말아,
너는 즘잔도 하다마는
너는 왜 그리 슬퍼 뵈니?
말아, 사람 편인 말아,
검정 콩 푸렁 콩을 주마.

이 말은 누가 난 줄도 모르고
밤이면 먼 데 달을 보며 잔다.

나비야 청산가자

작자 모름

나비야 청산 가자
범나비 너도 가자
가다가 저물거든
꽃에 들어가 자고 가자
꽃에서 푸대접 하거든
잎에서나 자고 가자

나에게 좋다고 하여도

변계량

나에게 좋다고 하여도
남이 싫어하는 일 하지 말며
남이 하는 일이라도
옳은 일이 아니면 좇아하지 말라
우리는 천성을 지키어
착하게 살아야 하리라

눈

방정환

하늘에서 오는 눈은
어머님 편지
그리웁던 사정이
한이 없어서
아빠 문안
누나 안부
눈물의 소식
길고 길고 한이 없이
길다랍니다

겨울 밤에 오는 눈은
어머님 소식
혼자 누운 들창에
바아삭 바삭
잘 자느냐
잘 크느냐
묻는 소리에
잠 못 자고 내다보면
눈물납니다

눈 오는 밤

성영기

큰 눈 작은 눈 내리는 밤은
어머니 홀로 앉아
바느질하는 밤

등잔불이 깜박깜박 졸 제면
어머니 그림자는
작았다 컸-다

헤지고 째어진 누더기 옷이
꿰어매도 꿰어매도
끝이 없는 밤

큰 눈 작은 눈 오는 밤은
뚫어진 들창이
혼자 우는 밤

눈 오는 새벽

방정환

아가들아, 너희는
어디 사느냐?
새하얀 양초들을
손에다 들고,
오늘도 함박눈이
쏟아지더니
새벽의 산골짜기
나무 다리가
미끄러워 다니기
위태할 텐데.

어머님 저희는
가겠습니다.
새하얀 이 초에
불을 키어서
이 뒷산 골짜기

깊은 골짜기,
눈 속에 떨고 있는
작은 새들의
보금자리 녹여 주러
가겠습니다.

늙은 어머니 두고

정부인 장씨

병들어 누워 계신
늙은 어머니 두고
아들은 만리길을
떠나갔습니다

머나먼 길 떠난 아들은
언제쯤 돌아오겠습니까

늙은 어머니 병은
점점 깊어만 가고
해는 서산으로
넘어가고 있습니다

저 하늘에 손 모아
빌어 보건만
하늘은 어찌하여
말이 없는지요

늙은 어머니
병을 무릅쓰고
일어서려다 쓰러지시고
일어서려자 쓰러지시고

어머니 병
이렇게 깊은데
어찌 뿌리치고
떠나갔나요

*장 부인이 10살 전후에 쓴 시입니다.
정부인은 정.종 2품의 종친 및 문무관의
아내에게 주는 작위 이름입니다.
장씨는 시와 서예에 뛰어났습니다.*

눈

윤동주

지난 밤에
눈이 소-복이 왔네
지붕이랑
길이랑 밭이랑
추워한다고
덮어 주는 이불인가봐

그러기에
추운 겨울에만 내리지

눈물만 나지

김혈탄

누나야 봄 왔다
산으로 가자
개나리 진달래
꺾으러 가자

꺾어서 무덤에
꽂아나 보자
행여나 엄마가
보러 오시나

아서라 아서라
보고만 오지
꺾어서 꽂으면
엄마 온다되

꺾으면 꽃 죽고
나비나 울지
엄마야 온다던
눈물만 나지

늙은 잠자리

방정환

수수나무 마나님
좋은 마나님
오늘 저녁 하루만
재워 주세요
아니 아니 안 돼요
무서워서요
당신 눈이 무서워
못 재웁니다

잠잘 곳이 없어서
늙은 잠자리
바지랑대 갈퀴에
혼자 앉아서
추운 바람 서러워
한숨짓는데
감나무 마른 잎이
떨어집니다

달아 달아 밝은 달아

전래동요

달아달아 밝은 달아
이태백이 놀던 달아
저기저기 저 달 속에
계수나무 박혔으니
옥도끼로 찍어내어
금도끼로 다듬어서
초가삼간 집을 짓고
양친부모 모셔다가
천년만년 살고 지고
천년만년 살고 지고

드리는 노래

김소월

한 집안 사람 같은 저기 저 달님

당신은 사랑의 달님이 되고
우리는 사랑의 달무리 되자
쳐다보아도 가까운 달님
늘 같이 놀아도 싫지 않은 우리

미더움 의심 없는 보름의 달님

당신은 분명한 약속이 되고
우리는 분명한 지킴이 되자
밤이 지샌 뒤라도 그믐의 달님
잊은 듯 보였다가도 반기는 우리

귀엽긴 귀여워도 의젓한 달님

당신은 온 천하의 달님이 되고
우리는 온 천하의 잔별이 되자
넓은 하늘이라도 좁았던 달님
수줍음 수줍음을 따르는 우리

딸 레

정지용

딸레와 쬐끄만 아주머니,
앵도나무 밑에서
우리는 늘 셋동무.

딸레는 잘못하다
눈이 멀어 나갔네.

눈먼 딸레 찾으러 갔다 오니,
쬐끄만 아주머니마저
누가 데려갔네.

방울 혼자 흔들다
나는 싫여 울었다.

떠나 보고야

권태응

멀리 떠나 보고야 알았습니다
어머니 품 가슴이 그리운 것을

멀리 떠나 보고야 알았습니다
오막살이 내 집이 그리운 것을

멀리 떠나 보고야 알았습니다
내 고향 옛 동무 그리운 것을

마음이 고파서야

이산해

밥이 늦어도 걱정이련만
하물며 배움이 늦어서야 되겠느냐

배가 고파도 걱정이련만
하물며 마음이 고파서야 되겠느냐

집이 가난해도
마음을 고칠 약은 있단다

둥근 달이 떠오를
그때까지 기다려 보렴

달도 치료약이 될 수 있단다

이산해가 5살 때 지은 시입니다.

무얼 먹고 사나

윤동주

바닷가 사람
물고기 잡아 먹고 살고

산골엣 사람
감자 구워 먹고 살고

별 나라 사람
무얼 먹고 사나

바 다

오 장 환

눈물은
바닷물처럼
짜구나

바다는
누가 울은
눈물인가

반딧불

윤동주

가자 가자 가자
숲으로 가자
달 조각을 주우러
숲으로 가자

그믐밤 반딧불은
부서진 달 조각

가자 가자 가자
숲으로 가자
달 조각을 주우러
숲으로 가자

반중 조홍 감이

박인로

반중 조홍 감이
곱게도 보이는구나
유자 아니라도
품어 가고 싶지마는
품어 가 반길 이 없으니
그것을 서러워하노라

배부르다 자랑하지 마라

구지정

쥐를 잡아 채어먹는 소리개들아
배부르다 자랑하지 마라
맑은 강에서 여위어 지내는 학이
굶주렸다고해서 쥐를 잡아먹고
배불러하는 소리개를 부러워하겠느냐
내 몸이 한가하여 걱정, 근심이 없으니
배부르지 못한들 그게 무슨 걱정이겠느냐

병

정지용

부엉이 울든 밤
누나의 이야기

파랑병을 깨치면
금시 파랑바다

빨강병을 깨치면
금시 빨강바다

뻐꾸기 울든 날
누나 시집갔네

파랑병을 깨트려
하늘 혼자 보고

빨강병을 깨트려
하늘 혼자 보고

봄

윤동주

봄이 혈관 속에 시내처럼 흘러
돌, 돌, 시내 차가운 언덕에
개나리, 진달래, 노오란 배추꽃

삼동(三冬)을 참어 온 나는
풀포기처럼 피어난다.

즐거운 종달새야
언, 이랑에서 즐거웁게 솟쳐라.

푸르른 하늘은
아른아른 높기도 한데 …

봄 편지

서덕출

연못가에 새로 핀
버들잎을 따서요

우표 한 장 붙여서
강남으로 보내면

작년에 간 제비가
푸른 편지 보고요

조선 봄이 그리워
다시 찾아 옵니다

부 모

김소월

낙엽이 우수수 떨어질 때
겨울의 기나긴 밤
어머님하고 둘이 앉아
옛 이야기 들어라

나는 어쩌면 생겨나와
이 이야기 듣는가?
묻지도 말아라 내일 날에
내가 부모 되어서 알아보리라

부모님 계실 때는

이숙량

부모님 살아계실 때는
부모인 줄 모르더니
부모님 여읜 후에
부모인 줄 알았도다
이제 와서 이 마음
누구에게 베풀 것인가

부 헝

이동규

떡해 먹자 부-헝
양식 없다 부-헝

쌀 곡간이 비었느냐
둥구미채 비었단다.

농사져서 어쨌나
땅 임자가 다 차 갔네.

어이없다 부-헝
기맥힌다 부-헝

비야 비야

전래 동요

비야 비야 오지 마라
우리 누나 시집 갈 때
가마 속에 물 들어 가면
다홍 치마 얼룩진다
다홍 치마 둘러 쓴다

비야 비야 그치어라
어서 어서 그치어라
우리 누나 시집 가면
어느 때나 다시 만나
누나 누나 불러 볼까

시집일랑 가지 마오
시집살이 좋다 해도
우리 집만 하오리까
일이 모두 그러하니
시집일랑 가지 마오

비야 비야 오지 마라
우리 누나 시집 갈 때
비야 비야 오지 마라

산 넘어 저쪽에는

정지용

산 넘어 저쪽에는
누가 사나?

뻐꾸기 영 위에서
한나절 울음 운다

산 넘어 저쪽에는
누가 사나?

철나무 치는 소리만
서로 맞어 쩌 르 렁!

산 넘어 저쪽에는
누가 사나?

늘 오던 바늘장수도
이봄 들며 아니 뵈네

산골물

윤동주

괴로운 사람아 괴로운 사람아
옷자락 물결 속에서도
가슴 속 깊이 돌돌 샘물이 흘러
이 밤을 더불어 말할 이 없도다
거리의 소음과 부를 수 없도다

그신듯이 냇가에 앉았으니
사랑과 일을 거리에 맡기고
가만히 가만히
바다로 가자
바다로 가자

산울림

윤동주

까치가 울어서
산울림
아무도 못 들은
산울림

까치가 들었다
산울림
저 혼자 들었다
산울림

산은 길게 길게 이어져 있고

이숙량

산은 길게 길게 이어져 있고
강물은 먼 곳으로 굽이굽이
흐르고 있어라

부모님 그리운 마음은
많기도 많고 크기도 크구나

어디선가 외기러기는
울면서 울면서
슬프게 날아가는구나

산은 옛 산이로되

황진이

산은 옛 산이로되
물은 옛 물이 아니로다
밤낮으로 흐르고 있으니
옛 물이 있을 것인가
뛰어난 사람도 물과 같이
한번 가면 다시 오지 못하는구나

새야 새야 파랑새야

옛 동요

새야 새야 파랑새야
녹두밭에 앉지 마라
녹두꽃이 떨어지면
청포장수 울고 간다

새에게

박죽서

창 밖에 우는 새야

지난 밤
어느 산에서 자고 왔느냐

산 속 일은
네가 잘 알겠구나

진달래꽃이
피었느냐?
안 피었느냐?

서쪽 하늘

정지용

우리 오빠 가신 곳은
해님 지는 서해 건너
멀리멀리 가셨다네
웬일인가 저 하늘이
핏빛보다 무섭구나!
난리 났다 불이 났나

세상 사람들이 입만 살아서

작자 모름

세상 사람들이 입만 살아서 떠드는데
제 잘못은 다 잊어버리고
남의 흉보기에만 바쁘구나
남의 흉만 보려고 하지 말고
제 잘못부터 고쳐야 하리라

세월은 사람을

도연명

하루에 새벽이 두 번 오지 않듯이
젊은 시절은 다시 오지 않는 것
때를 놓치지 않고 공부해야 하리라
세월은 사람을 기다리지 않는다

소년(少年)

윤동주

여기저기서 단풍잎 같은
슬픈 가을이 뚝뚝 떨어진다.
단풍잎 떨어져 나온 자리마다
봄을 마련해 놓고
나뭇가지 위에 하늘이 펼쳐 있다.
가만히 하늘을 들여다보려면
눈썹에 파란 물감이 든다.
두 손으로 따뜻한 볼을 쓸어 보면
손바닥에도 파란 물감이 묻어난다.
다시 손바닥을 들여다본다.
손금에는 맑은 강물이 흐르고,
맑은 강물이 흐르고,
강물 속에는 사랑처럼 슬픈 얼굴
-아름다운 순이(順伊)의 얼굴이 어린다.
소년은 황홀히 눈을 감아본다.
그래도 맑은 강물은 흘러 슬픈 얼굴
-아름다운 순이의 얼굴은 어린다.

스무하루 밤

윤복진

스무하루 이 밤은 월급 타는 밤
실 뽑는 어머니가 월급 타는 밤

버드나무 숲 위에 높은 굴뚝엔
동짓달 쪼각달만 밝아 오는데

어머니는 어디 가 무엇 하시고
이 밤이 깊어 가도 아니 오실까

스무하루 이 밤은 죄어드는 밤
실 뽑는 어머니가 죄어드는 밤

심술팽이 오 영감 빚에 뺏기고
순이 집 좁쌀 값에 바짝 쪼여서

마흔닷 냥 월급을 모두 없애고
공장 집 대문에서 눈물지는가

십년을 노력하여

송 순

십년을 노력하여
세 칸짜리 초가집 한 채를
지어 놓아
나 한 칸, 달 한 칸
바람 한 칸 맡겨 두고
강산은 들여 놓을 곳이 없으니
둘러 두고 보리라

어린 고기들

권태응

꽁꽁 얼음 밑
어린 고기들

해님도 달님도
한 번 못 보고
겨울 동안 얼마나
갑갑스럴까?

꽁꽁 얼음 밑
어린 고기들

뭣들 하고 노는지
보고 싶구나
빨리빨리 따순 봄
찾아오거라

어머님의 눈

김남주

밤중에 잠이 깨니
어머님이 내 몸에
이불을 끌어 덮어 주신다

캄캄한데서도
웃으며 반짝이는
어머님의 눈이

인제도 나를
세 살 먹은 애로
보시는 것 같다

어둔 밤의 어머님 눈
아아 그 눈을
나는 못 잊는다

어버이

김소월

잘 살며 못 살며 할 일이 아니라
죽지 못해 산다는 말이 있나니,
바이 죽지 못할 것도 아니지마는
금년에 열네 살, 아들딸이 있어서
순복네 아부님은 못 하노란다.

어버이 살아 계실 때에

정 철

어버이 살아 계실 때에
섬기는 일을 다 하여라

돌아가신 후에는
애달프다 어이하리

평생에 고쳐 못할 일은
이뿐인가 하노라

언니 언니 우리 언니

전래 동요

언니언니 우리 언니
시집갈 때 얼굴에는
붉은 앵두 세 개더니

언니언니 우리 언니
집에 올 때 얼굴에는
은구슬이 방울방울

엄마 품

전래 동요

새는 새는 나무에 자고
쥐는 쥐는 구멍에 자고
돌에 붙은 솔방울아
나는 나는 어디 잘꼬
우리 엄마 품에 자지

엄마야 누나야

김소월

엄마야 누나야
강변 살자

뜰에는 반짝이는 금모래빛
뒷문 밖에는 갈잎의 노래

엄마야 누나야
강변 살자

오빠 가시고

정지용

오빠가 가시고 난 방안에
숯불이 박꽃처럼 새워 간다

산모루 돌아가는 차, 목이 쉬어
이 밤사 말고 비가 오시랴나?

망토 자락을 여미며 여미며
검은 유리만 내어다보시겠지!

오빠가 가시고 나신 방 안에
시계 소리 서마 서마 무서워

오시는 눈

김소월

땅 위에 쌔하얗게 오시는 눈
기다리는 날에는 오시는 눈
오늘도 저 안 온 날 오시는 눈
저녁불 켤 때마다 오시는 눈

외가집

김상욱

외가집은 산 너머
늘어진 들길

꼬불꼬불 산 너머
길은 멀어도

길섶에서 민들레
꽃이 피는데

민들레 세고 가면
이내 갑니다

우리 형제가 셋이지만

박인로

우리 형제가 셋이지만
한 몸 같이 지내다가
두 아우는 어디 가서
돌아올 줄 모르는고
날마다 석양 문 밖에 서서
한숨 겨워하노라

우리 집

허삼봉

우리 집은 가난뱅이
농사꾼의 집
여름 내내 땀 흘리며
기음 매고도
겨울에는 쌀이 없어
굶주리는 집

우리 집은 산골 동리
작은 초가집
긴긴 낮엔 할머니가
혼자 지키고
밤에는 다섯 식구
모여 자는 집

우리 집은 찌그러진
오막살이집
내가 내가 얼른 커서
어른이 되어
커다랗게 훌륭하게
다시 지을 집

우리 집

김소월

이 바로
외따로 와 지나는 사람 없으니
'밤 자고 가자' 하며 나는 앉아라

저 멀리, 하늬 편에
배는 떠나 나가는
노래 들리며

눈물은
흘러내려라
스르르 나려 감는 눈에

잘 가노라 달리지 말고

김천택

잘 가노라 달리지 말고
못 가노라 쉬지 마라
부디 그치지 말고
짧은 시간이라도 아껴 쓰라
가다가 멈추어 선다면
아니 감만 못하니라

저 백성의 거동 보소

이세보

저 백성의 거동 보소
지고 싣고 들어와서
한 섬 쌀을 바치려고 하는데
두 섬 쌀도 부족하다고 하는구료
약간 농사 지어 놓은들
이렇게 다 바치고 나면
무엇을 먹고 살 수 있으랴

제 비

엄흥섭

작년 가을 떠나갔던
강남 제비는
올봄에도 우리 집을
찾아왔구나.
푸른 바다 높은 산
멀고 먼 길에
작은 몸이 얼마나
고단했겠니.

종달새

정지용

삼동내-얼었다 나온 나를
종달새 지리 지리 지리리……

왜 저리 놀려 대누

어머니 없이 자란 나를
종달새 지리 지리 지리리……

왜 저리 놀려 대누

해 바른 봄날 한종일 두고
모래톱에서 나 홀로 놀자

코스모스

윤동주

청초한 코스모스는
오직 하나인 나의 아가씨,

달빛이 싸늘히 추운 밤이면
옛 소녀가 못 견디게 그리워
코스모스 핀 정원으로 찾아간다.

코스모스는
귀뚜라미 울음에도 수줍어지고,

코스모스 앞에선 나는
어렸을 적처럼 부끄러워지나니,

내 마음은 코스모스의 마음이요
코스모스의 마음은 내 마음이다.

태산이 높다하되

양사언

태산이 높다하되
하늘 아래 산이로다
오르고 또 오르면
못 올라갈 리 없건마는
사람이 스스로 올라가지 않고
산만 높다고 하는구나

팔려 가는 송아지

김 기 전

눈 쌓인 시골길로
울며 울면서
끌려가는 송아지를
보았습니다

저의 엄마 이별하고
팔려 가는 몸
다시다시 돌아보며
울고 갑니다

편 지

윤동주

누나!
이 겨울에도
눈이 가득히 왔습니다

흰 봉투에
눈을 한 줌 넣고
글씨도 쓰지 말고
우표도 붙이지 말고
말쑥하게 그대로
편지를 부칠까요

누나 가신 나라엔
눈이 아니 온다기에

풀따기

김소월

우리 집 뒷산에는 풀이 푸르고
숲 사이의 시냇물, 모래바닥은
파아란 풀 그림자 떠서 흘러요

그리운 우리 님은 어디 계신고
날마다 피어 나는 우리 님 생각
날마다 뒷산에 홀로 앉아서
날마다 풀을 따서 물에 던져요

흘러가는 시내의 물에 흘러서
내어던진 풀잎은 엷게 떠갈 제
물살이 해적해적 품을 헤쳐요

그리운 우리 님은 어디 계신고
가엾은 이내 속을 둘 곳 없어서
날마다 풀을 따서 물에 던지고
흘러가는 잎이나 맘해 보아요

해바라기 씨

정지용

해바라기 씨를 심자
담모롱이 참새 눈 숨기고
해바라기 씨를 심자

누나가 손으로 다지고 나면
바둑이가 앞발로 다지고
괭이가 꼬리로 다진다

우리가 눈 감고 한 밤 자고 나면
이슬이 내려와 같이 자고 가고
우리가 이웃에 간 동안에
햇빛이 입맞추고 가고,

해바라기는 첫 시악시인데
사흘이 지나도 부끄러워
고개를 아니든다

가만히 엿보러 왔다가
소리를 꽥! 지르고 간 놈이
오오, 사철나무 잎에 숨은
청개고리 고놈이다

한 동네 사람

권태응

뉘집 논이 얼만지 모두 알고,
뉘집 밭이 어딨는지 모두 압니다.
예로부터 살아오는 한 동네 사람.

저 개는 뉘집 갠지 그것도 알고,
이 소도 뉘집 손지 모두 알지요.
식구처럼 모여 사는 한 동네 사람.

형 제

전래 동요

우물가엔 나무 형제
하늘에는 별이 형제
우리 집엔 나와 언니

나무 형젠 열매 맺고
별 형제는 빛을 내니
우리 형제 무얼 할꼬

형제들이여

정 철

형제들이여 살이 다르지 않고
똑같지 아니한가
한 부모에게서 태어나
한 어머니의 젖을 먹고 자랐으니
서로 다른 마음 먹지 말고
한마음 한뜻으로 사랑하고 위하여라

형제 별

방정환

날 저무는 하늘에
별이 삼형제
반짝반짝 정답게
지내이더니
웬일인지 별 하나
보이지 않고
남은 별이 둘이서
눈물 흘린다

혼자 자는 아가

이 탄

아빠는 밭에 가시고
엄마는 물 길러 가시고
아가는 기다리다 기다리다
잠이 들었네

혼자 자는 아가는
베개를 안고
혼자 자는 아가는
눈물이 났네

아빠는 밭에 가시고
엄마는 물 길러 가시고
아가는 기다리다 기다리다
잠이 들었네

혼자 자는 아가는
제비가 보고
혼자 자는 아가는
구름이 보네

홍 시

정지용

어저께도 홍시 하나
오늘에도 홍시 하나

까마귀야 까마귀야
우리 남게 왜 앉았나

우리 오빠 오시걸랑
맛뵐라구 남겨뒀다

후락 딱 딱
훠이 훠이!

고추 잠자리

권 태 응

혼자서 떠 헤매는
고추잠자리
어디서 서리 찬 밤
잠을 잤느냐?

빨갛게 익어버린
구기자 열매
한 개만 따 먹고서
동무 찾아라

가을 밤

방정환

착한 아기 잠 잘 자는
베갯머리에
어머님이 혼자 앉아
꿰매는 바지
꿰매어도 꿰매어도
밤은 안 깊어.

기러기 떼 날아간 뒤
잠든 하늘에
둥근 달님 혼자 떠서
젖은 얼굴로
비치어도 비치어도
밤은 안 깊어.

지나가던 소낙비가
적신 하늘에
집을 잃은 부엉이가
혼자 앉아서
부엉 부엉 울으니까
밤이 깊었네.

굴뚝새

정지용

굴뚝새 굴뚝새

어머니-
문 열어놓아 주오, 들어오게
이불 안에
식전내- 재워 주지

어머니-
산에 가 얼어죽으면 어쩌우
박쪽에다
숯불 피워다 주지

논밭으로

권태응

우리 식구 모두 다
논밭으로
춥기 전에 곡식 걷기
논밭으로
날만 새면 바빠요
논밭으로

우리 식구 모두 다
논밭으로
삽작문만 닫아 놓고
논밭으로
송아지도 어미 따라
논밭으로

눈 오는 지도

윤동주

순이(順伊)가 떠난다는 아침에
말 못할 마음으로 함박눈이 나려,
슬픈 것처럼 창 밖에 아득히 깔린 지도우에 덮인다.
방안을 들여다보아야 아무도 없다.
벽과 천정이 하얗다.
방안에까지 눈이 나리는 것일까.
정말 너는 잃어버린 역사처럼 홀홀히 가는 것이냐.
떠나기 전에 일러둘 말이 있던 것을
편지를 써서도 네가 가는 곳을 몰라
어느 거리, 어느 마을, 어느 지붕밑,
너는 내 마음속에만 남아 있는 것이냐.
네 쪼고만 발자욱을
눈이 자꼬 나려 덮여 따라갈 수도 없다.
눈이 녹으면 남은 발자욱 자리마다 꽃이 피리니
꽃사이로 발자욱을 찾아 나서면
일년 열두달 하냥 내 마음에는 눈이 나리리라.

땅감나무

권태응

키가 너무 높으면
까마귀 떼 날아와 따 먹을까 봐
키 작은 땅감나무 되었답니다.

키가 너무 높으면
아기들 올라가다 떨어질까 봐
키 작은 땅감나무 되었답니다.

바 다

오 장 환

눈물은
바닷물처럼
짜구나

바다는
누가 울은
눈물인가

사 과

윤동주

붉은 사과 한 개를
아버지 어머니
누나 나 넷이서
껍질 채로 송치까지
다아 나눠 먹었소

산에서 온 새

정지용

새삼나무 싹이 튼 담 위에
산에서 온 새가 울음 운다

산엣새는 파랑치마 입고
산엣새는 빨강모자 쓰고

눈에 아른아른 보고 지고
발 벗고 간 누이 보고 지고

따순 봄날 이른 아침부터
산에서 온 새가 울음 운다

시골 소년이 부른 노래

최서해

나는 봄이면은 아버지 따라
소 끌고 괭이 메고
저 종달새 우는
들로 나깁니다.

아버지는 갈고
나는 파고
둥그런 달님이
저 산 위에 솟을 제
시내에 발 씻고
집으로 돌아옵니다.

어머니가 지어 놓으신
따뜻한 조밥
누이동생 끓여 놓은
구수한 된장찌개에
온 식구는 배를 불립니다.
고양이 개까지……

여름이면은 아버지 따라
호미 메고 낫 들고
저 불볕이 뜨거운
밭으로 갑니다.

아버지는 풀을 매고
나는 가라지 뽑고
한낮 몹시 뜨거운 때면
누이동생 갖다 주는
단 감주에 목 축이고
버들 그늘 냇가에서
고기도 낚습니다.

석양이면은 돌아올 때
소 먹일 꼴 한 짐
잔뜩 베어 지고 옵니다.

저녁에는 어머니가 짜서 지은
시원한 베옷 입고
온 식구 모깃불 가에
모여 앉아
농사 이야기에
밤 가는 줄 모릅니다.

이러한 새에
앞산에 단풍이 들지요.
들에는 황금물결이
넘쳐흐릅니다.
아버지의 늙은 낯은
웃음에 붉고
어머니는 술 빚기에
분주합니다.
누이동생 나까지도
두루두루 기쁩니다.

머리 드린 장한 벼를
말끔 베어 치워 놓으면
누런 벼알이
많기도 많습니다.

그러나
땅 임자에게 몇 바리 실리면은
오오, 우리는 또 도로
조밥을 먹게 됩니다.

일 년내 흘린 피땀
거름 삼아 지은 벼는
도리어 사 먹게 되지요.
그리고 눈발이 흩날릴 때
어머니는 무명 매고
아버지는 신 삼고
누이동생 밥 짓고
나는 나무하고…

이리하여
아버지도 늙고
어머니도 늙고
누이동생 시집 가고
나는 장가 못 들고…

아아 이것이
봄부터 겨울까지
겨울로 봄 또 겨울
내가 하는 일입니다.

우리가 어른이 되면

권태응

우리가 어서 자라
어른 되면은
지금 어른 부끄럽게
만들 터예요.

같은 형제 동포끼리
총칼질커녕
서로 모두 정다웁게
살아갈래요.

우리가 어서 자라
어른 되면은
지금 어른 부러웁게
해놀 터예요.

38선 없애 치고
삼천만 겨레
세계 각국 겨누며
뻗어 갈래요.

자주구름

김소월

물 고운 자주구름
하늘은 개여 오네
밤중에 몰래 온 눈
솔숲에 꽃 피었네

아침볕 빛나는데
알알이 뛰노는 눈

밤새에 지난 일은……
다 잊고 바라보네

움직거리는 자주구름

해바라기 얼굴

윤동주

누나의 얼굴은
해바라기 얼굴
해가 금방 뜨자
일터에 간다

해바라기 얼굴은
누나의 얼굴
얼굴이 숙어들어
집으로 온다

가위 바위 보

전래 동요

하늘 보고 땅을 보고
가위 바위 보
두 손 모아 흔들면서
가위 바위 보
우리 모두 손을 잡고
가위 바위 보
두 손 모아 흔들면서
가위 바위 보
덩실 덩실 춤을 추며
가위 바위 보
두 손 모아 흔들면서
가위 바위 보

고향 집

윤동주

헌 짚신짝 끄을고
나 여기 왜 왔노
두만강을 건너서
쓸쓸한 이 땅에

남쪽 하늘 저 밑엔
따뜻한 내 고향
내 어머니 계신 곳
그리운 고향 집.

귀뚜라미 소리

방정환

귀뚜라미 귀뚜르르
가느란 소리,
달님도 추워서
파랗습니다.

울 밑에 과꽃이
네 밤만 자면,
눈 오는 겨울이
찾아온다고……

귀뚜라미 귀뚜르르
가느란 소리,
뜰 앞에 오동잎이
떨어집니다.

기러기

전래동요

쌔쌔쌔
아침바람 찬 바람에
울고 가는 저 기러기
우리 선생 계실 적에
엽서 한 장 써 주세요
한 장 말고 두 장이요
두 장 말고 세 장 이요
구리 구리 구리 구리
가위 바위 보

동기로 세 몸 되어

박인로

동기로 세 몸 되어
한 몸 같이 지내다가
두 아운 어디 가서
돌아올 줄 모르는고
날마다 석양 문 밖에
한숨 겨워 하노라

들강날강

전래동요

들강날강 우리아빠 서울 가
밤 한 되를 사다가
살강 밑에 두었더니
머리 까진 생쥐가
들강날강 다 까먹고
밤 한 톨만 남았네

밑 빠진 솥에 삶아서
밑 빠진 조리로 건져서
밑 빠진 말로 까서

껍데기는 송아지 주고
속 껍데기는 강아지 주고
알맹이는 둘로 나눠
너랑 나랑 같이 먹자
들강날강 들강날강

마을 사람들아

정 철

마을 사람들아
옳은 일 하자꾸나
사람으로 태어나서
옳게 살지 못한다면
말이나 소에게
갓이나 고깔을 씌어놓고
밥을 먹이는 것과
무엇이 다르겠는가

별 하나 나 하나

전래동요

별 하나 나 하나
별 둘 나 둘
별 셋 나 셋
별 넷 나 넷
별 다섯 나 다섯
별 여섯 나 여섯
별 일곱 나 일곱
별 여덟 나 여덟
별 아홉 나 아홉
별 열 나 열

비야 비야

전래동요

비야 비야 오는 비야
꿩의 길로 가거라
토끼 길로 가거라
까치 길로 가거라
우리 오빠 장에 가서
소금하고 저고릿감하고
사 가지고 돌아올 때
비 때문에 못 온단다

산은 길고

윤선도

산은 길고길고
물은 멀고멀고
어버이 그린 뜻은
많고많고 하고하고
어디서 외기러기는
울고울고 가느냐

자장 노래

전래동요

자장자장 우리 아기
우리 아기 잘도 잔다
은자동아 금자동아
수변장수 부귀동이
은을 주면 너를 살까
금을 주면 너를 살까
국가에는 충신동이
부모에게 효자동이
형제간에 우애동이
자장자장 우리 아기
우리 아기 잘도 잔다

장

윤동주

이른 아침 아낙네들은 시들은 생활(生活)을
바구니 하나 가득 담아 이고……
업고 지고…… 안고 들고……
모여드오. 자꾸 장에 모여드오.

가난한 생활(生活)을 골골이 벌여놓고
밀려가고…… 밀려오고……
저마다 생활을 외치고…… 싸우오.

왼 하루 올망졸망한 생활을
되질하고 저울질하고 자질하다가
날이 저물어 아낙네들이
쓴 생활과 바꾸어 또 이고 돌아가오.

햇 비

윤동주

아씨처럼 내린다
보슬보슬 햇비.
맞아주자, 다같이
옥수숫대처럼 크게
닷자 엿자 자라게.
해님이 웃는다.
나보고 웃는다.

하늘 다리 놓였다.
알롱달롱 무지개.
노래하자, 즐겁게.
동무들아 이리 와라.
다같이 춤을 추자.
해님이 웃는다.
즐거워 웃는다.

가을밤

가을밤